Début d'une série de documents
en couleur

L'ÉCRITURE SECRÈTE

DE

GERBERT,

PAR

JULIEN HAVET.

PARIS.

IMPRIMERIE NATIONALE.

M DCCC LXXXVII.

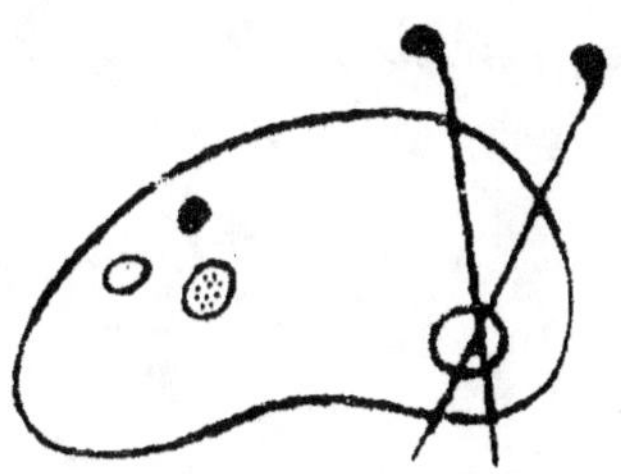

Fin d'une série de documents
en couleur

L'ÉCRITURE SECRÈTE
DE GERBERT.

PARIS

ALPHONSE PICARD, LIBRAIRE-ÉDITEUR,

RUE BONAPARTE, 82.

L'ÉCRITURE SECRÈTE

DE GERBERT,

PAR

JULIEN HAVET.

EXTRAIT DES COMPTES RENDUS
DE L'ACADÉMIE DES INSCRIPTIONS ET BELLES-LETTRES
(t. XV, 4ᵉ série).

PARIS.

IMPRIMERIE NATIONALE.

M DCCC LXXXVII.

L'ÉCRITURE SECRÈTE

DE GERBERT,

COMMUNICATION FAITE À L'ACADÉMIE DES INSCRIPTIONS ET BELLES-LETTRES,

LE 11 MARS 1887.

Le recueil des lettres de Gerbert peut passer pour un des monuments à la fois les plus précieux et les plus obscurs de l'histoire du xe siècle. Ce moine d'Auvergne, élève des écoles d'Espagne, successivement abbé de Bobbio, en Italie, secrétaire de deux archevêques de Reims, archevêque lui-même, de Reims d'abord (991-998), puis de Ravenne, enfin pape sous le nom de Silvestre II (999-1003), fut mêlé d'une façon active aux événements qui précédèrent et qui suivirent la chute des Carolingiens et l'avènement de la maison capétienne. Il mit sa plume au service de divers personnages, prélats, princes et princesses, et les lettres politiques qu'il écrivit en leur nom nous sont parvenues, confondues avec sa correspondance personnelle. Elles sont pleines de détails précis et d'allusions qui piquent la curiosité, mais dont le sens, trop souvent, nous échappe. Nous ne savons ni la date à laquelle chacune a été écrite, ni l'ordre dans lequel il faut les lire, ni même parfois les noms des personnes de qui elles émanent et à qui elles sont adressées. À ces difficultés, communes à tout le recueil, s'en ajoute une qui est particulière à un petit nombre de lettres. On rencontre çà et là une quinzaine de passages en écriture chiffrée ou secrète.

L'auteur de la première édition, Jean Masson [1], avait trouvé dans son manuscrit et a reproduit, pour chacun de ces passages, une série de lettres de l'alphabet, qu'il a imprimées en majuscules et séparées par des points. Le texte de Masson a été répété par les éditeurs suivants [2]. On a cru que ces lettres représentaient chacune l'initiale d'un nom ou d'un mot [3]; mais les essais de déchiffrement qui ont été tentés en ce sens n'ont pas donné de résultats sérieux : on était engagé dans une voie fausse. Il était réservé au dernier éditeur de Gerbert, M. Olleris, de découvrir la vérité. En compulsant les papiers de Baluze, aujourd'hui à la Bibliothèque nationale, il rencontra des extraits d'un ancien manuscrit où, dans chacun de ces passages, les lettres alphabétiques étaient remplacées par des caractères de forme particulière. Ces signes, que Baluze avait copiés avec soin, offraient une ressemblance évidente avec les caractères tachygraphiques de l'antiquité et du haut moyen âge, connus aujourd'hui des paléographes sous le nom de *notes tironiennes*. M. Olleris jugea avec raison que les passages secrets avaient dû être écrits ainsi dans le texte primitif de Gerbert, que les lettres alphabétiques du manuscrit de Masson avaient été substituées mal à propos par le copiste et qu'il devait rétablir dans son édition les notes anciennes, telles

[1] *Epistolæ Gerberti, primo Remorum, deinde Ravennatum archiepiscopi, etc.,* e bibliotheca *Papirii Massoni* (Paris, 1611, in-4°, signé : Jo. Massonus).

[2] André du Chesne, *Historiæ Francorum Scriptores* (1636, in-fol.), II, 789-827; Migne, *Patrologia*, série latine, CXXXIX, 201-244.

[3] Ainsi Baluze, trouvant dans la lettre n° 128 (Olleris, n° 130) la première phrase ainsi écrite : «Quibus angustiis domina Q. H. afficiatur, quantoque prematur angore, testis est epistola ipsius ad D. Q. V. M. H. E. jandudum directa», proposait de lire : «Quibus angustiis domina Quondam Hemma afficiatur.... ad Dominam Quondam Vestram Matrem HEmmæ.» (Bibl. nat., ms. de Baluze, n° 149, fol. 104.) On verra plus loin la véritable lecture de ce passage.

qu'elles figuraient dans le manuscrit de Baluze. Il les fit des-
siner et graver et les inséra dans le texte qu'il publiait [1].

Baluze avait fait une tentative pour obtenir un déchiffrement de ces caractères mystérieux. Il avait adressé à une personne dont nous ignorons le nom la lettre suivante, qui a déjà
été remarquée et publiée par M. Olleris :

> Ce Mercredy matin 2 Juin 1688.
>
> Je vous enuoye, Monsieur, une copie bien exacte des endroits des
> epistres de Gerbert qui sont escrites (*sic*) en notes. Vous les trouuerez
> dans vostre bibliotheque des Peres.
>
> Je vous enuoye aussy deux anciens Mss. de la bibliotheque du Roy
> pour deschifrer ces Notes, et autres deux de ceans [2].
>
> Si auec tous ces secours, vous, Monsieur, qui estes du mestier, ne
> pouuez pas venir à bout de ces endroits, j'auray une excusable (*sic*) va-
> lable quand je diray que je n'ay pas peu les deschifrer. *Quod facis fac
> citiùs.* Cependant je suis de tout mon cœur vostre tres humble et tres
> obeissant seruiteur
>
> BALUZE [3].

Les quatre manuscrits qu'il envoyait étaient évidemment
des lexiques tironiens, sans doute ceux qui portent aujourd'hui
à la Bibliothèque nationale les n°° 8777-8780 du fonds latin [4].
« La réponse, s'il y en eut une, dit M. Olleris, ne nous est pas
parvenue. » Le ton de la lettre n'indique pas que Baluze espérât
beaucoup des efforts de son correspondant. Une pareille tentative n'avait aucune chance de réussir à cette époque, où l'on
ne possédait aucune notion exacte des principes et du déchif-

[1] *OEuvres de Gerbert, pape sous le nom de Sylvestre II*, collationnées, etc., par
A. Olleris (Clermont-Ferrand et Paris, 1867, in-4°), v. 48, 61, etc.

[2] C'est-à-dire de la bibliothèque formée par Colbert, dont Baluze était le
bibliothécaire et dont il avait conservé la direction après la mort du fondateur.

[3] Bibl. nat., ms. de Baluze, n° 129, fol. 122; Olleris, *OEuvres de Gerbert*, v.

[4] Les manuscrits latins 8777 et 8779 sont les anciens *codices regii* 6078 et
5512; les manuscrits latins 8778 et 8780 sont venus de la bibliothèque de
Colbert; voir Ulr.-Fr. Kopp, *Palæographia critica* (Mannhemii, 1817, in-4°),
I, 302-303, §§ 340-342.

frement de l'écriture dite tironienne. M. Olleris pouvait se flatter d'un meilleur succès en s'adressant au regretté Jules Tardif, qui avait fait une étude approfondie de cette écriture; son espoir fut déçu. « Ces sigles, écrit-il, sont peut-être inintelligibles aujourd'hui; M. Tardif, l'un des hommes de l'École des chartes les plus habiles en cette matière, a déclaré à M. Léopold Delisle qu'il ne pouvait pas les expliquer [1]. » Il ne faut pas s'étonner de cet insuccès : Jules Tardif savait, dit-on, parfaitement lire les notes tironiennes; les caractères de l'écriture secrète employée par Gerbert ressemblent à ces notes, mais ils n'en sont pas.

Un heureux concours de circonstances m'a livré la clef du chiffre. M. Léopold Delisle, me sachant occupé de l'étude des notes tironiennes, appela mon attention sur une phrase qui paraît écrite en notes et qui figure au bas d'une bulle originale de Silvestre II, conservée au département des manuscrits de la Bibliothèque nationale [2]. Je fus frappé de l'étrangeté de cette souscription, qui semble écrite suivant un système différent de celui de l'écriture tironienne ordinaire; je voulus éclaircir le problème et je fus amené ainsi à lire un article de M. Paul Ewald, publié en Allemagne en 1884, qui contient des observations sur la diplomatique de Silvestre II [3]. J'appris par cet article qu'il existe en tout quatre bulles de ce pape où se voient des souscriptions ou additions en caractères analogues aux notes tironiennes. Deux de ces bulles sont conservées en original, l'une à Paris (c'est celle que M. Delisle

[1] *Œuvres de Gerbert*, vi.

[2] Bulle du 23 novembre 999, pour Théotard, évêque du Puy-en-Velay; papyrus original, ms. lat. nouv. acq. 2507 (actuellement exposé dans la galerie des chartes, n° 420). — Voir *Bibliothèque de l'École des chartes*, XXXVII (1876), 79, 108; Jaffé, *Regesta pontificum romanorum*, n° 2994; nouvelle édition, Loewenfeld, n° 3906.

[3] *Zur Diplomatik Silvesters II.*, dans *Neues Archiv der Gesellschaft für ältere deutsche Geschichtskunde*, IX, 321.

m'avait signalée), l'autre à Barcelone, aux archives de la couronne d'Aragon [1]. Les deux autres ne sont connues que par des copies, conservées à Sienne [2] et à Magdebourg [3], dans lesquelles la forme des caractères a été reproduite avec d'assez fortes altérations. M. Ewald a donné à la fois un fac-similé des passages écrits en notes dans les quatre pièces et un déchiffrement de ces passages, dû au savant le plus versé aujourd'hui dans l'étude de l'écriture tironienne, M. W. Schmitz, directeur du gymnase de l'Empereur-Guillaume, à Cologne.

On trouvera le fac-similé des quatre passages dans la planche I, qui reproduit, sous les lettres A, B, C, D, la planche jointe à l'article de M. Ewald. En A est la souscription de la bulle de Barcelone [1]; en B, celle de la bulle de Paris. M. Schmitz lit la première : *Silvester Gerbertus romanus [e]piscopus*, la seconde : *Gerbertus qui et Silvester*... La copie de Sienne (C) reproduit évidemment un original semblable à celui de Barcelone; le copiste a imité la plupart des caractères et a substitué aux autres les lettres de l'alphabet auxquelles ils pouvaient paraître ressembler. Enfin, dans la copie de Magdebourg (D), les cinq caractères représentent certainement, comme l'avait déjà reconnu Kopp [5], les mots : *Bene valete.*

L'exactitude de ce déchiffrement ne peut être mise en

[1] Bulle de décembre 1002, pour Saint-Cucufa ou San Cugat del Valles, près Barcelone; papyrus original, encadré et sous verre, dans le cabinet du directeur des Archives. — *Neues Archiv*, IX, 327; Jaffé - Loewenfeld, n° 3927.

[2] Archives de l'État; bulle de novembre 1002, pour Monte Amiata, près Chiusi; copie sur parchemin. — *Neues Archiv*, IX, 327, 330, 342; Jaffé-Loewenfeld, n° 3925.

[3] Archives de l'État; bulle d'avril 999, pour Quedlimbourg; copie sur parchemin. — *Neues Archiv*, IX, 325, 330, 349; Jaffé, n° 2988; Loewenfeld, n° 3902.

[4] D'après un calque de M. Ewald; voir ci-après, p. 17 et 18.

[5] *Palæographia critica*, I, 418, § 439.

doute et l'on ne saurait qu'admirer la sagacité dont a fait preuve M. Schmitz. Nous sommes en présence d'un système d'écriture conventionnelle qui repose sur des principes simples et logiques et qui diffère profondément de celui des notes tironiennes.

Dans celles-ci, chaque mot ou chaque nom est représenté par un seul caractère, qui est bien formé originairement d'éléments alphabétiques, mais qui se trouve avoir par son emploi une sorte de valeur idéographique; les signes purement phonétiques, représentant chacun une syllabe, ne sont admis que par exception, pour exprimer les noms propres non prévus dans le lexique tironien. Les notes des bulles de Silvestre II, au contraire, sont toutes phonétiques; chacune représente une syllabe; pour écrire un mot, il faut autant de caractères que le mot a de syllabes différentes.

Parmi ces caractères syllabiques, quelques-uns sont entièrement semblables à ceux de l'écriture tironienne. Tels sont ceux qui figurent les syllabes *co* [1] dans [e]*piscopus* (A, 4º mot), *qui* [2] et *et* [3] (B, 2º et 3º mot), *ne* [4] dans *bene* (D, 1ᵉʳ mot). Les autres sont formés avec des éléments empruntés à la même écriture; mais ces éléments sont groupés d'une façon nouvelle. Le premier caractère du nom de *Gerbertus*, par exemple, se compose d'un arc de cercle dont la convexité est tournée vers le haut et d'un trait sinueux allant de gauche à droite. Dans un grand nombre de notes tironiennes, le premier de ces éléments représente un g [5] et le second une r [6]. Mais, dans les notes, le groupe formé comme ici de la réu-

---

[1] Gruter, *Notæ Romanorum* (à la suite de ses *Inscriptiones antiquæ*, éd. de 1603, in-fol.), xxvi, col. 3; Kopp, *Palæographia critica*, II, 74, col. 1.

[2] Gruter, v, col. 2; Kopp, II, 303, col. 1.

[3] Gruter, 1, col. 2; Kopp, II, 367, col. 2.

[4] Gruter, 1, col. 2, et xxviii, col. 2; Kopp, II, 235, col. 2.

[5] Kopp, I, 90, § 112; II, 148-154.

[6] Kopp, I, 110, § 133; II, 312 et suiv., etc.

nion de ces deux élémenta exprime la désinence *gorum*[1], tandis que dans les souscriptions de Silvestre II le même signe doit être lu *ger*.

Le plus souvent, dans l'écriture syllabique des bulles de Silvestre II, les caractères qui représentent des syllabes commençant par une même consonne offrent une même conformation dans la partie du haut et de gauche, c'est-à-dire dans celle par laquelle la main commence le tracé. Ainsi les caractères des syllabes *pis* et *pus*, dans le mot [e]*piscopus* (A, 4° mot), commencent tous deux, à gauche en haut, par un trait oblique montant suivi d'un trait vertical descendant; ceux de *ter* dans *Silvester* (A et B) et de *tis* dans *Gerbertus* (A et B), par un trait horizontal suivi d'un trait descendant; ceux de *va*[2] dans *valete* (D, 2° mot) et de *ves* dans *Silvester*, par un demi-cercle dont la concavité est tournée vers le haut. Inversement, les caractères des syllabes qui ont une terminaison commune offrent une conformation commune dans la partie que la main trace en dernier, la droite et le bas. Le *ma* de *romanus* et le *va* de *valete* se terminent également par un arc de cercle dont la convexité est tournée en haut; le *ger* et le *ber* de *Gerbertus*, ainsi que le *ter* de *Silvester*, par une ligne horizontale légèrement sinueuse; le *co* d'[e]*piscopus* et le *ro* de *romanus*, par un petit cercle; le *nus* de *romanus*, le *pus* d'[e]*piscopus* et le *tus* de *Gerbertus*, par un court trait oblique montant suivi d'un long trait oblique descendant. Chaque caractère syllabique est donc un composé d'éléments alphabétiques, fondus en un seul tracé, mais faciles à séparer par l'analyse.

Cela est clair, simple, aisé à concevoir en théorie et à ap-

---

[1] Gruter, xxvii (coté par erreur xvii), col. 2; Kopp, II, 152, col. 2.

[2] Kopp a inséré ce signe, emprunté à la copie de la bulle de Magdebourg, dans son ouvrage (II, 390, col. 1), en l'indiquant par erreur comme tiré du recueil de Gruter, xxix. C'est un caractere étranger aux notes tironiennes. Dans Gruter, xxix, col. 2, la seule note indiquée pour figurer la syllabe *va* est celle qui a été reproduite par Kopp, II, 388, col. 2.

prendre rapidement. C'est tout le contraire de la tachygraphie
tironienne, d'une complication si rebutante pour les écoliers,
qui n'arrivaient à en connaître les éléments, s'ils avaient le
courage de les apprendre jusqu'au bout, qu'après une année
d'étude [1]. Mais dans la main d'un scribe exercé cette tachygraphie devait se prêter merveilleusement à suivre la parole
la plus rapide. L'alphabet syllabique du pape Silvestre, au
contraire, était probablement dans la pratique d'un usage
assez lent et assez incommode.

Ces observations en appelaient naturellement une autre.
Puisque Silvestre II n'est autre que Gerbert et puisque les
lettres de Gerbert, comme les bulles de Silvestre II, contiennent
des passages secrets en caractères analogues aux notes et
cependant non déchiffrables avec le seul secours des lexiques
tironiens, il est à présumer que ces caractères sont les mêmes
dans les lettres et dans les bulles. Si cela est, on doit, en s'ai-
dant de l'analogie des caractères observés dans les bulles et
en tenant compte des remarques précédentes, arriver à déchiffrer les passages secrets des lettres.

Un premier essai tenté en ce sens réussit pleinement. En
tête de la lettre qui porte dans les éditions de Jean Masson et
d'André du Chesne le n° 120, dans celle de M. Olleris le
n° 128, se trouve un titre ainsi conçu : *Dominæ Augustæ Theo-
phaniæ nomine Hugonis regis.* Puis vient une ligne mêlée de
lettres ordinaires et de caractères secrets ; on la trouvera sur
les planches II et III, à la deuxième ligne, après les mots :
« Epist. 120. » Il est facile de reconnaître dans les lettres *Th.*
et *Hu.* les noms de *Theophania* et de *Hugo* en abrégé; il est
donc probable, à première vue, que la ligne chiffrée ne fait

[1] Extrait d'un manuscrit carolingien, cité par Kopp, I, 308, § 343 : « Sunt
igitur aliqui qui dimittunt ad tertiam partem, aliqui tamen ad medietatem, et
sunt plurimi qui non dimittunt nisi ubi in fine dicitur *plateola.* Et cum jam ad-
juvante Domino Christo remeaverint ad portum, tunc jam indesinenter nolunt
dimittere quod per totum anni spacium laborare visi sunt. »

que répéter l'indication contenue dans le titre. Mais les quatre
caractères qui séparent ces noms ne peuvent d'aucune façon
représenter les trois syllabes du mot *nomine;* il faut donc cher-
cher une autre expression qui veuille dire à peu près la même
chose. Le recueil même de Gerbert en fournit une qui se rencontre à chaque instant en tête de ses lettres : *ex persona.* Il
suffit d'avoir l'idée de ces mots pour les lire sans difficulté. Les
caractères, quoique un peu altérés, sont aisés à reconnaître.
Le premier, immédiatement après les lettres *Th.,* n'est autre
que le signe qui représente, dans les lexiques tironiens, le
mot *ex* [1]; le second est celui du mot *per* [2]; le troisième, celui
de la syllabe *so* [3]. Le quatrième est étranger aux notes tironiennes; mais il est évidemment composé de la première
partie du caractère qui exprime, dans la bulle de Barcelone,
la syllabe *nus* (pl. I, A, 3ᵉ mot, dernier signe) et de la der-
nière partie des caractères de *ma* dans la même bulle (même
mot, 2ᵉ signe) et de *va* dans celle de Magdebourg (D, 2ᵉ mot,
1ᵉʳ signe) : c'est donc le signe de la syllabe *na.* On a ainsi en
quatre syllabes : *ex persona.*

La démonstration était faite, le principe découvert; il fallait
en poursuivre l'application. Cela n'allait pas sans difficulté.
Pour deux des bulles de Silvestre II, les originaux sont con-
servés et nous pouvons étudier des caractères qui n'ont subi
aucune altération; mais nous n'avons pas de manuscrit original de la correspondance de Gerbert. Le texte n'en est connu
que par des copies de dates diverses, et, pour les passages
chiffrés, il n'existe même pas de copie ancienne. Dans le manuscrit le plus précieux qui existe aujourd'hui, celui de Leyde,
du xiᵉ siècle, ces endroits ont été laissés en blanc [4]. Ail-

[1] Gruter, I, col. 1; Kopp, II, 132, col. 1.
[2] Gruter, I, col. 1; Kopp, II, 263, col. 1.
[3] Gruter, xxix, col. 1; Kopp, II, 352, col. 1.
[4] Grâce à l'obligeance de M. le Dʳ W.-N. Du Rieu, bibliothécaire de l'uni-

leurs, comme on l'a vu, les caractères syllabiques avaient
été remplacés par des lettres alphabétiques qui n'ont aucun
sens [1]. Ces caractères n'ont été signalés que dans un seul manuscrit, celui que Baluze a eu entre les mains : on ne sait
ce qu'il est devenu [2]. Nous en sommes donc réduits à la copie
que Baluze avait prise dans ce manuscrit des passages écrits
en caractères secrets ou, comme il disait, « en notes ». Elle se
trouve en deux exemplaires, dans le manuscrit n° 129 de Baluze à la Bibliothèque nationale, fol. 123 et 124 [3] : ces deux
pages sont reproduites dans les planches II et III ci-jointes.

En examinant cette double copie, on constate : 1° que le
manuscrit de Baluze n'était qu'une copie déjà assez peu fidèle,
car les caractères qui représentent les mêmes syllabes ne sont
pas figurés de la même façon toutes les fois qu'ils se pré-
sentent (voir par exemple la formule *ex persona*, qui revient
quatre fois dans la page, sous les n°° 120, 121, 125 et 129);
2° que Baluze n'a pas mis dans sa copie toute l'exactitude
qu'on était en droit d'attendre d'un savant tel que lui, car
les deux exemplaires écrits de sa main offrent des différences
notables, non seulement dans la forme, mais même dans le
nombre des caractères (voir les n°° 125, 129, 136). Dans ces

versité de Leyde, j'ai pu examiner ce manuscrit à Paris. C'est le n° 54 (lat. 4°)
de Vossius. Le dernier passage chiffré de la lettre n° 136 (Olleris, n° 143) a
seul été transcrit, non par le copiste du xi° siècle, mais par l'auteur d'une ad-
dition marginale du xvi° siècle, au haut du folio 73 recto. Le haut de ce feuillet
est reproduit sur la planche I, en F.

[1] Tel était le manuscrit qui avait servi à l'édition de Jean Masson, reproduite par André du Chesne. Ce manuscrit paraît perdu : Olleris, v.

[2] Olleris, iv, v. On peut croire que ce manuscrit est celui qui avait appartenu
à Nicolas Lefebvre. On trouve en effet dans les papiers de Baluze (n° 129,
fol. 22) un feuillet intitulé : *Gerbertus ex schedis Fabri*, où on lit ces mots :
Epist. 114. Notæ veteres.

[3] Pendant l'impression de ces pages, M. Auvray, membre de l'École française
de Rome, m'apprend qu'une autre copie des caractères secrets se trouve dans un
manuscrit de la bibliothèque Vallicellane (G, 94), exécuté au xvii° ou au
xviii° siècle. Ces caractères y sont figurés comme dans les copies de Baluze.

conditions, on ne s'étonnera pas qu'une partie seulement des phrases secrètes ait pu être lue et que les autres restent à déchiffrer. Il aurait été même à peu près impossible de rien lire avec certitude, s'il avait fallu s'aider uniquement de la forme des signes pour en reconnaître le sens. Heureusement, dans certains cas, l'examen des parties du texte qui précèdent ou qui suivent les mots chiffrés, les allusions contenues dans le reste de la lettre, divers rapprochements de noms ou de dates, permettaient de conjecturer la signification probable des caractères secrets et de deviner une lecture qu'il suffisait ensuite de vérifier. Voici un exemple de cette méthode.

Les lettres n°s 127 et 133 (Olleris, n°s 83 et 86) portent chacune une adresse en écriture secrète (pl. II et III, n°s 127, 133). Il est facile de reconnaître à la fin de cette adresse, dans l'une et l'autre lettre, le mot *episcopo;* on y trouve les mêmes caractères que dans le mot *episcopus* de la bulle de Barcelone (A, 4e mot), à l'exception du dernier, remplacé par un signe qui commence comme ceux de *pis* et de *pus* et qui finit comme ceux de *co* et de *ro,* qui par conséquent représente la syllabe *pu.* Le nom qui précède ce mot *episcopo* est le même dans les deux lettres, car les caractères sont en nombre égal (quatre) et les différences dans le tracé de chacun d'eux ne sont pas assez fortes pour ne pouvoir s'expliquer par l'imperfection de la copie. Le troisième de ces caractères est un simple trait vertical, ce qui, dans l'écriture tironienne comme dans l'écriture ordinaire, et par conséquent probablement aussi dans le syllabisme de Gerbert, ne peut guère signifier autre chose qu'un *i.* Ainsi les deux lettres sont adressées à un même prélat, dont le nom comprend quatre syllabes et a pour troisième syllabe un *i* isolé. Mais, dans la lettre n° 133 (Olleris, n° 86), le destinataire est invité à se rendre à Reims pour prendre part à la consécration d'un évêque, Eudes, élu au siège de Senlis : ce destinataire se trouvait donc

à la tête de l'un des diocèses de la province de Reims, peu
après l'élection de l'évêque Eudes de Senlis, c'est-à-dire en
989. Ces points acquis, quelques recherches dans la *Gallia
christiana* suffisent pour constater qu'il y avait bien, en 989,
un suffragant de Reims dont le nom répondait aux données
du problème, et qu'il n'y en avait qu'un : c'est *Gibuinus*,
évêque de Châlons-sur-Marne. Donc les quatre premiers caractères des deux adresses doivent se lire *Gibuino*. Et en effet,
le premier de ces caractères commence par un arc de cercle
convexe en haut, qui représente un *g*, comme on l'a vu dans
la première syllabe du nom de *Gerbertus* (pl. I, A et B); et
le second commence par un trait sinueux descendant, lequel,
dans le manuscrit original de Gerbert, devait ressembler à
celui qui figure le *b* dans la seconde syllabe du même
nom.

L'écriture étant syllabique, le mot *episcopo*, qui a quatre
syllabes, doit s'écrire en quatre caractères. Pourtant, dans
l'adresse des deux lettres 127 et 133, il semble n'en avoir que
trois, séparés de ceux du nom propre *Gibuino* par un signe de
ponctuation, les deux points (:). Pareille anomalie avait été
remarquée dans la bulle de Barcelone par M. Schmitz, qui
avait déclaré à M. Ewald qu'on ne pouvait pas lire, à la souscription de cette bulle : *romanus episcopus*, mais seulement :
romanus piscopus. M. Ewald avait rejeté cette opinion, allé-
guant qu'on ne saurait prêter à Gerbert un pareil barbarisme,
et il avait conclu que sur ce point la science paléographique
de M. Schmitz était en défaut [1]. Chacun paraissait avoir

[1] *Neues Archiv*, IX, 325 : «Möchte ich es wagen, gegen den Meister Ti-
ronischer Lesekunst selbst in einem Punkte Opposition zu erheben. Nicht Romanus Episcopus könne es heissen, so schreibt mir der ausgezeichnete Palaeo-
graph, sondern nur Romanus Piscopus. Mir dünkt die Form Piscopus für einen
Franzosen des ausgehenden 10. Jahrhunderts undenkbar. Sollte die Auslassung
des E nicht in diesem Falle auch einer abweichenden Schreibweise zu Gute zu
halten sein?»

raison à son point de vue : certainement Gerbert n'a pas pu
écrire *piscopus;* mais certainement aussi dans une écriture syllabique trois signes ne peuvent faire quatre syllabes et un signe
qui commence par un *p* ne peut faire *epis.* L'*e* qui manquait
devait donc se trouver exprimé quelque part où l'on n'avait
pas su le découvrir. N'était-ce pas cette lettre que représentaient les deux points (:) placés, dans les copies de Baluze,
après le dernier caractère de *Gibuino* et avant *piscopo?* Cette
hypothèse était d'autant plus vraisemblable qu'elle explique
un endroit d'une autre lettre : au n° 128 (Olleris, n° 130),
dans une phrase où les éditeurs n'ont pas hésité à lire par
conjecture le nom propre *Hemma,* les copies de Baluze donnent une *h* majuscule suivie d'abord de deux points (:), puis
d'un signe semblable à celui de *ma* dans la bulle de Barcelone (pl. II et III, n° 128, 1ʳ ligne); si les deux points si-
gnifient *e,* le tout fait sans difficulté : *Hema,* pour *Hemma.* Il
était donc permis de supposer que les mêmes deux points
précédaient aussi les signes des syllabes *piscopus* dans la bulle
de Barcelone, et que. *si* M. Ewald ne les avait pas vus et
reproduits dans son fac-similé, cela tenait à ce qu'il avait dû
examiner cette bulle. comme il le déclarait lui-même, dans
des conditions très défavorables [1]. La conjecture se trouvait
juste, j'en eus bientôt la certitude. M. Ewald, consulté par
lettre, m'adressa à M. Harry Bresslau, professeur à Berlin,
qui, voyageant en Espagne après lui, avait pu prendre une
photographie de la souscription de Silvestre II; M. Bresslau.
sollicité à son tour, voulut bien m'envoyer immédiatement un
calque de son cliché. Les deux points y figurent très nette-
ment. On pourra s'en convaincre en jetant les yeux sur la re-

---

[1] *Neues Archiv,* IX, 328 : « Die hierbei möglichen Fehler würden nicht ge-
ring anzuschlagen sein, besonders da der Rahmen sehr hoch hieng und die
Glasscheibe mehrere Decennien lang keiner reinigenden Hand sich erfreut haben
mochte. »

production du calque de M. Bresslau, qui se trouve sur la planche I, en E.

Il résulte de là une fois de plus que l'écriture secrète de Gerbert, quelques emprunts qu'elle ait faits aux notes tironiennes, ne saurait être confondue avec elles et constitue un système à part. Jamais dans les notes la lettre e n'est représentée par deux points. Il en résulte aussi que le système de déchiffrement inventé par M. Schmitz pour les bulles de Silvestre II et appliqué par moi aux lettres de Gerbert n'est pas une imagination sans fondement. Il faut qu'il ait quelque vérité, puisqu'il m'a permis de deviner un fait dont je n'avais aucune connaissance, et qui, vérification faite, s'est trouvé exact.

On me permettra de citer encore une ou deux circonstances où les résultats de ce déchiffrement ont reçu après coup une confirmation inattendue. Il faut pour cela que je continue un instant à raconter mes hésitations et mes tâtonnements ; on voudra bien m'en excuser.

La lettre de Gerbert n° 122 (Olleris, n° 131) contient vers la fin un passage composé de douze caractères secrets (pl. II et III, n° 122), par conséquent un passage secret de douze syllabes. Quand j'essayai de déchiffrer ce passage sur les copies de Baluze, je n'avais pas pris la peine d'examiner le reste de la lettre ; je ne savais pas même au nom de qui elle était écrite. Guidé seulement par la forme des caractères, je lus les huit premiers assez facilement, mais non d'abord sans quelques doutes, ainsi : *nepos meus episcopus*. C'était un résultat facile à contrôler ; il n'y avait qu'à vérifier si l'auteur de la lettre avait un neveu évêque : si non, ma lecture était nécessairement fausse ; si oui, elle devenait certaine. Je recourus au texte imprimé ; la lettre était d'Adalbéron, archevêque de Reims, oncle d'Adalbéron, évêque de Verdun. J'avais donc bien lu. Les quatre caractères suivants devaient dès lors former le mot *Virdunensis*. Et en effet trois d'entre eux, le premier, le second et le quatrième, reproduisent avec très peu de changements les notes qui expriment dans les lexiques tironiens les syllabes *vir* [1], *du* [2] et *sis* [3].

Dans la lettre n° 125 (Olleris, n° 146), l'auteur de cette lettre demande à un autre personnage de lui envoyer un secours de troupes. On lit en lettres ordinaires : *quemvis alium tantum cum militum robore subsidio;* puis viennent sept caractères syllabiques qui semblent devoir se lire : *nobis mi[t]ti oramus.* Au moment où je déchiffrai ces mots, ils ne me parurent pas former une phrase bien satisfaisante : on pouvait se demander si un bon latiniste n'aurait pas écrit en pareil cas *rogamus* ou *petimus* plutôt qu'*oramus* et *ut mittatis* plutôt que *mitti.* Je craignais donc d'avoir mal lu, quand, en feuilletant les œuvres de Gerbert, je rencontrai dans la lettre n° 117 (Olleris, n° 100), adressée à l'impératrice Théophanie, ces mots : *abbatem Gerbertum... ecclesiæ præfici, modis quibus possumus, oramus.* Il est clair que Gerbert aimait à employer le verbe *orare*, non pas seulement au sens de prier Dieu, mais encore au sens de solliciter les hommes, et aussi qu'il aimait à construire ce verbe avec un infinitif passif. La lecture de ce membre de phrase est donc confirmée par les circonstances mêmes qui semblaient d'abord la rendre suspecte.

Ces exemples suffisent. Il est temps de faire connaître les résultats du déchiffrement essayé par la méthode qui vient d'être indiquée. Voici tous les passages des lettres de Gerbert dans lesquels les copies de Baluze indiquent des caractères secrets. Les mots que les manuscrits et les éditions donnent en lettres ordinaires sont imprimés en romain; le déchiffrement que je propose, *en italique*. Les caractères secrets non déchif-

[1] Gruter, viii, col. 3; Kopp, II, 401, col. 2.
[2] Gruter, xxvii, col. 1; Kopp, II, 110, col. 2.
[3] Gruter, xxix, col. 1; Kopp, II, 343, col. 1 (vers le bas de la page).

frés sont représentés chacun par un astérisque (*) ; je souhaite qu'un autre, plus heureux que moi, réussisse à lire ceux-ci à leur tour.

N° 114 (Olleris, n° 109) : « Mox quippe, ut vestra legimus et nostrum legatum a palatio accepimus, qui omnia quæ fuissent * filium ejus regio dono accepisse firmaret. »

N° 120 (Olleris, n° 128), au titre : « Dominæ Aug. Th. *ex persona* Hu. *regis.* »

N° 121 (Olleris, n° 158), au titre : « Treverensi *ex persona* A. »

N° 122 (Olleris, n° 131) : « Rationes horum rerum tractare, conferre, communicare quolibet modo liceret, si *nepos meus episcopus Virdunensis* datis obsidibus ad nos usque pervenire posset. »

N° 124 (Olleris, n° 144), au titre : « A. *archiepisco* * *. »

N° 125 (Olleris, n° 146), au titre : « *Treverensi Ec. ex persona* A. *ar.* »

Même lettre, plus loin : « Et quoniam vos et gravari et defatigari, nisi in summa rerum necessitudine, nolumus, * * * * * B. E., si sic judicatis, quemvis alium tantum cum militum robore subsidio *nobis mitti oramus* XII kal. oct. *, ut et nostri refugi perterriti redeant et hostes novis ac insperatis copiis intabescant. »

N° 127 (Olleris, n° 83), au titre : « *Gibuino episcopo.* »

N° 128 (Olleris, n° 130) : « Quibus angustiis domina *mea Hemma* afficiatur quantoque prematur angore, testis est epistola ipsius ad *dominam* Th. *imperatricem* jamdudum directa. »

N° 129 (Olleris, n° 110), au titre : « *Ex persona* A. *a⁻. comiti Godefrido.* »

N° 133 (Olleris, n° 86), au titre : « *Gibuino episcopo.* »

N° 136 (Olleris, n° 143) : « Noverit ergo * * * omnia quæ circa te sunt. »

Même lettre, plus loin : « Iterum vale et a *Roberto* * * * * * [1] plurimum cave, ut a perfido et impostore. »

N° 137 (Olleris, n° 119) : « Sed si perpetuam pacem rusticis Asineti optatis, veniam com. * * * ad nos usque quam proxime. »

N° 147 (Olleris, n° 147) : « De castro * * *one* dicimus, nec patiamini fratrem vestrum dici proditorem. »

Il faut laisser aux critiques qui étudient l'histoire du x° siècle le soin de décider si ces quelques mots et ces quelques noms propres, rétablis dans le texte de Gerbert, apportent des lumières nouvelles pour la connaissance de cette époque. C'est une question étrangère au présent mémoire, dont l'objet est simplement paléographique. A ce point de vue spécial, il n'y a plus que deux remarques à présenter.

On a cru que les passages secrets, tels que nous les voyons aujourd'hui dans le recueil de la correspondance de Gerbert, étaient écrits de la même façon dans les lettres originales ; que cette écriture était un chiffre conventionnel, une cryptographie dont Gerbert se servait pour communiquer secrètement avec ses correspondants. Telle paraît être par exemple la pensée de M. Olleris, quand il parle de caractères « servant de chiffres pour désigner au correspondant de Gerbert les personnes qu'il ne voulait pas nommer ». On aurait pu cependant remarquer quelques circonstances qui rendent cette hypothèse invraisemblable. On rencontre l'écriture secrète non seulement dans le texte des lettres, mais parfois aussi dans l'adresse ; or, autant il peut être utile de chiffrer les communications qu'on envoie à ses amis, autant il est difficile de comprendre qu'on mette l'adresse en chiffres. La cryptographie en question se trouve employée dans des lettres écrites au moins au nom de trois personnes différentes [2] et adressées au moins à sept

[1] V. ci-dessus, p. 13, note 4, et pl. I, F.
[2] Adalberon de Reims, Hemma et Hugues Capet.

personnes différentes [1] il y aurait eu au moins neuf personnes
dans le secret et parmi ces neuf personnes des ennemis, des
chefs de camps opposés, tels que Hugues Capet et son compé-
titeur Charles de Lorraine. A supposer que, dans de pareilles
conditions, le secret pût être fidèlement gardé, on ne devine pas
à quoi il aurait servi. La lecture de quelques-uns des passages
ci-dessus achève de ruiner cette hypothèse. Dans une correspondance secrète, on écrit en chiffres les mots ou les noms le
plus importants et les plus essentiels à cacher, mais il faudrait
être bien inexpérimenté pour en chiffrer au hasard deux ou
trois seulement que le reste de la phrase peut faire aisément
deviner. Celui qui, ayant à insérer dans une lettre les mots :
dominam Theophaniam imperatricem, aurait voulu que le sens
de ces mots ne pût être pénétré par des tiers, ne se serait pas
borné à exprimer le premier et le dernier en écriture secrète,
en laissant subsister, pour désigner Théophanie, les initiales
très transparentes *Th*. Celui qui aurait voulu demander secrètement un envoi de troupes n'aurait pas écrit en lettres acces-
sibles à tous : *quemvis alium tantum cum militum robore subsidio*,
et en chiffres seulement les trois mots : *nobis mitti oramus*, dont
le sens est si facile à suppléer. Il est donc plus probable que
ces endroits étaient écrits en caractères ordinaires dans les
originaux des lettres, qu'ils n'étaient figurés en caractères secrets que dans les minutes, desquelles dérivent, selon toute
apparence, les manuscrits qui nous ont conservé la correspondance de Gerbert. C'était une notation conventionnelle
dont probablement il ne se servait que pour lui-même et
dont personne autour de lui n'avait la clef. L'écriture tironienne, à laquelle en sont empruntés les éléments, était à
peu près oubliée de son temps. Ce n'est que chez un savant

[1] Adalbéron de Reims, Adélaïde, Charles de Lorraine, Ecbert de Trèves,
Gibuin de Châlons, le comte Godefroi, Théophanie.

curieux comme lui qu'on pouvait en rencontrer quelque réminiscence [1].

L'emploi de la même notation dans les souscriptions de ses bulles, quand il fut pape, ne peut guère être rapporté qu'à lui. Il n'y a aucune raison de supposer qu'il en ait enseigné l'usage aux personnes employées dans sa chancellerie à Rome. Les souscriptions en caractères secrets qu'on voit dans les deux bulles originales de Paris et de Barcelone sont donc des autographes de Silvestre II. On se représente le moine érudit, du haut du trône pontifical et au milieu des soucis du gouvernement de l'Église, revenant avec plaisir à un jeu cryptographique qui l'avait diverti au temps de sa jeunesse studieuse. Peut-être même trouva-t-il quelque satisfaction à reprendre comme en cachette, à côté de son nom officiel de souverain pontife, son ancien nom d'écolier : *Gerbertus qui et Silvester* [2].

[1] Kopp, I, 44, § 35; 411, § 431; 417, § 439. Voir aussi *Les Notes tironiennes*, par M. Guénin, sténographe-reviseur au Sénat (Versailles, 1885, in-8°; extrait des *Mémoires de la Société des sciences morales, etc., de Seine-et-Oise*, t. XIV), p. 30-32.

[2] Au moment où j'achève la correction des épreuves de ce mémoire, M. Delisle me signale le tome XXV de la *Miscellanea di storia italiana*, qui vient de paraître à Turin. On y trouve le fac-similé d'un morceau écrit au verso d'une charte d'Asti, de l'an 977, en caractères syllabiques semblables à ceux des lettres de Gerbert et des bulles de Silvestre II. Ce système d'écriture était donc en usage en Italie au x° siècle et Gerbert ne l'a pas seul employé.

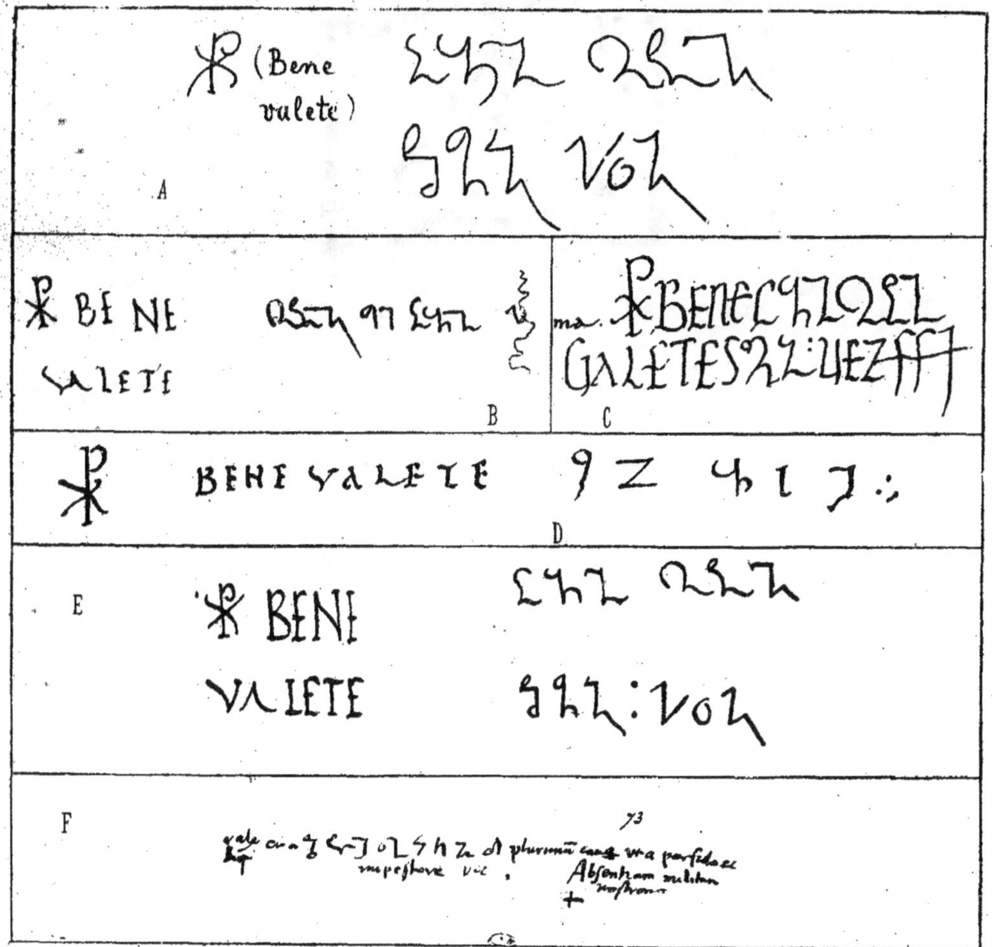

A, B, C, D, E, *Bulles de Silvestre II.*

F. *Manuscrit de Leyde, Voss. lat. 4°, N° 54, fol. 73.*

Planche(s) en 2 prises de vue

Gerbertus.   123

Epist. 114.   qui omnia quæ fuissent de filium ejus regis dono

Epist. 120.   Domine Aug. TH. VL δ ξ HU. ℋ ℋ . Au titre.

Epist. 121.   Treuerensi V V S ξ . A. Au titre.

Epist. 122.   communicare quoslibet modo liceret si. ℓ ẑ ℐ ϙ: ℓ℧ ℏ ℎ ℏ ℓ ℓ℧
                    datis obsidibus

Epist. 124.   A. ℏ CHI: Ʊ G ℨ ∂ Au titre.

Epist. 125.   Au titre . ℨ Ɛ Ɛ∽ EC V V S ξ. A. ℏ
                    in summa rerum necessitudine nolumus. Z. Ʒ. J. q. m. B. E. si sic
                    judicatis quemuis alium tantum cum militum robore subsidio ℘ ℓ℧
                    ℓ o ξ ℐ xII. Kal. Oct. ß ut & nostri refugi

Epist. 127.   Au titre - ℨ Ɛ′ ℘: ℓ δ ℨ

Epist. 128.   Quibus angustiis Dominæ g: ℨ H: ℐ afficiatur quantoque,
                    prematur angore testis .oℓ epistola ipsius ad ∂ ϙ ℨ ℱH.
                    m ℓ ξ ℓ c jamdudum directa

Epist. 129.   Au titre . VL S ξ. A. ℏ ● G ϙ ℐ ℓ ℓ S.

Epist. 133.   Au titre . . ℓ ℓ′ ℘: ℓ G ℨ

Epist. 121. Treverensi VVδ♄. A. Au titre.

Epist. 122. communicare quolibet modo liceret si: ɔ♄♉⁊: ♉6 ♄♄vɔᵹ
       datis obsidibus

Epist. 124. A♄ cHI Vᵹ3 ∂ Au titres.

Epist. 125. Au titre. ʒ ɛ ɛᵹ· ECVʋ δ♄. A. ♄
       in summa rerum necessitudine nolumus .Z.3.J. q.m. B.E. si sic
       iudicatis quominus aliam tantum cum militum robore subsidio ʋᵹ
       ʒ o ξ ♄ XII. Kal. Oct. ℬ ut & nostri refugi

Epist. 127. Au titre. ʒ ɛ⸴ρ: ɔ δᴣ.

Epist. 128. Quibus angustijs Dominus g ♄ H: ♄ afficiatur quantoque
       prematur angore testis est epistola ipsius ad ∂ ♄ ♄ ƚH.
       m ɔ ♄ ʒ c jamdudum directa

Epist. 129. Au titre. VL δξ. A. ♄ ♥ᵹ q ♄v2 S.

Epist. 133. Au titre. ɔ ʒ⸴ᵹ: ɔ 6 ᴣ

Epist. 136. Noverit ergo. J. S. ♄. omnia quae circa
       serum valet & à ʒ ɛᵹ ᴣ 6ʒ ɛ ♄ plurimum caue.

Epist. 137. veniam con. ɔ♄ vᵹ ad nos usque quam proxime ut
       & in duc ♄. merita comparentur.

Epist. 147. De castro ɔ ᵡoᴣ dicimus ne patiamini fratrem

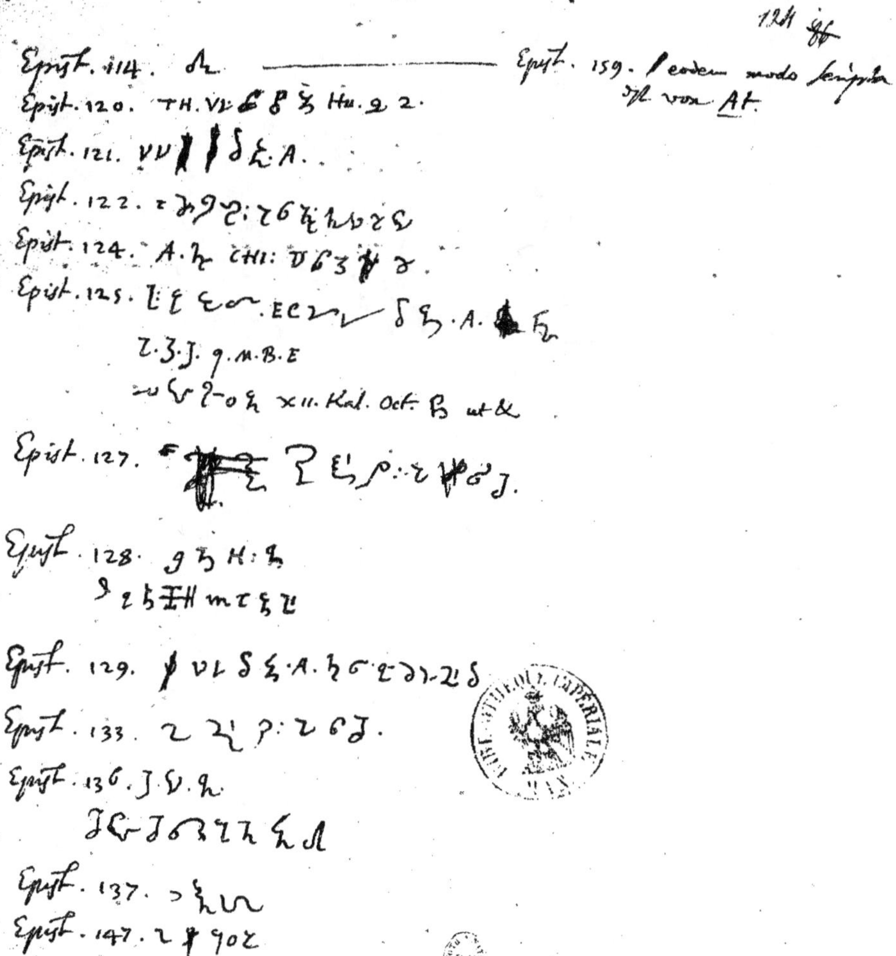

Epist. 114.

Epist. 120.

Epist. 121.

Epist. 122.

Epist. 124.

Epist. 125.

Epist. 127.

Epist. 128.

Epist. 129.

Epist. 133.

Epist. 136.

Epist. 137.

Epist. 147.

Epist. 159. *eodem modo scripta. Ut vox AT.*

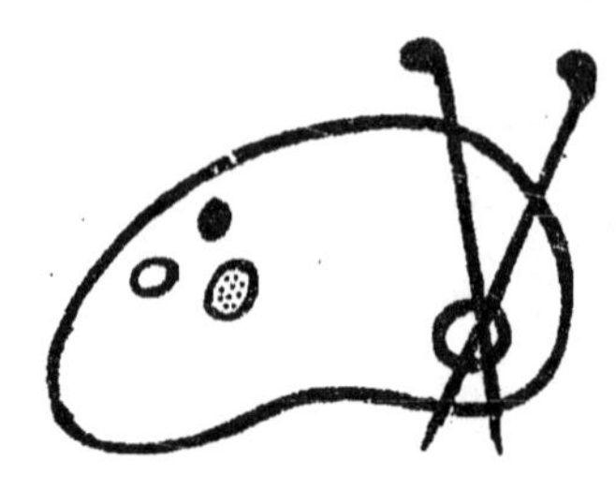

Original en couleur

NF Z 43-120-8

www.ingramcontent.com/pod-product-compliance
Lightning Source LLC
LaVergne TN
LVHW050324030726
842520LV00005B/1766